AUF DEN SPUREN DER WÖLFE

Bilder von
JONATHAN WOODWARD

Text von
SMRITI PRASADAM-HALLS

Aus dem Englischen von
Sophie Birkenstädt

ALADIN

Für Gabe, Rafi, Tom und Ben – mein Rudel – S. P. H.

Für Mali und Samson, meine beiden abenteuerlustigen, einfallsreichen Welpen, die mich täglich inspirieren – J. W.

1. Auflage

Alle deutschen Rechte bei Aladin Verlag GmbH,
22765 Hamburg, 2018

Original English language edition first published in 2017
under the title »THE WAYS OF THE WOLF« by Wren & Rook,
an imprint of Hachette Children's Group, Part of Hodder & Stoughton
Carmelite House, 50 Victoria Embankment, London EC4Y 0DZ
Text copyright © Smriti Prasadam-Halls, 2017
Illustrator copyright © Jonathan Woodward, 2017

Aus dem Englischen von Sophie Birkenstädt
Lektorat: Nina Horn
Wir danken Petra Ahne und Anette Wolff für die fachliche Beratung.
Printed in China

ISBN 978-3-8489-0139-5

www.aladin-verlag.de

INHALTSVERZEICHNIS

4	Wölfe unter uns	28	Durchs Revier streifen
6	Das Leben im Rudel	30	Ein Rückzugsort
8	Der Geheimcode der Wölfe	32	Erste Schritte
10	Rufe der Wildnis	34	Feinde des Wolfes
12	Der Geruch von Gefahr	36	Freunde des Wolfes
14	Der Klang der Stille	38	Die beiden Gesichter des Wolfes
15	Bernsteingelbe Augen	40	Vom Menschen gejagt
16	Anpassung an das Klima	42	Die Heimatländer des Grauwolfes
18	Die Familie der Wölfe	44	Das Überleben des Wolfes
20	Im Land der Wölfe	46	Vorurteile
22	Die Beutetiere des Wolfes	47	Wölfen soll es gut gehen – hilf mit!
24	Die Jagd	48	Stichwortverzeichnis
26	Die Kiefer des Todes		

WÖLFE UNTER UNS

Majestätisch und wild, stolz und stark: Der Wolf war von jeher eine Quelle der Faszination und der Angst. Er ist nicht nur wegen seiner Schnelligkeit, Intelligenz und imponierenden Stärke bekannt, sondern auch für sein Jagdgeschick und sein schauriges Geheul.

Dennoch bleibt der Wolf eins der am häufigsten missverstandenen und falsch dargestellten Lebewesen. Er hat einen festen Platz in der Folklore vieler Völker, steht für Gefahr und Geheimnis und verbreitet Angst und Schrecken in unseren Märchen und in unserer Fantasie. Häufig wird er als unser Todfeind geschildert.

In Wirklichkeit sind Wölfe uns Menschen viel ähnlicher, als wir wahrhaben wollen. Sie verständigen sich mithilfe eines hochentwickelten Codes und die liebevolle, enge Bindung und Loyalität innerhalb eines Wolfsrudels spiegelt in vielerlei Hinsicht unser eigenes Familienleben.

Zärtlich oder grausam? Prachtvoll oder blutrünstig? Wir möchten das wilde und bemerkenswerte Wesen des Wolfes erforschen, damit du dir ein eigenes Urteil bilden kannst …

DAS LEBEN IM RUDEL

Ob Nase an Nase bei der liebevollen Begrüßung oder beim übermütigen Spiel – das Wolfsrudel zeichnet sich durch Gemeinsinn, Schutz und Zuneigung innerhalb der Familie aus. Sei es bei der Jagd, beim Herumstreifen oder im Rudel, die Familienbande sind stark.

Im Zentrum des Familienverbands stehen die Elterntiere. Sie bleiben ein Leben lang als Paar zusammen, bilden eine Einheit und sind gemeinsam für das Rudel verantwortlich.

Der Rest des Rudels befindet sich auf einer höheren oder niedrigeren Stufe, je nach seinen Erfolgen bei der Jagd oder beim Kampf – auch wenn eine ausgeprägte Persönlichkeit nicht unbedingt von Nachteil ist.

Sobald die Welpen erwachsen sind, fügen sie sich der Rangordnung. Doch bis es so weit ist, messen sie ihre Kräfte im Spiel. Wenn sie ausgewachsen sind, verlassen viele Jungwölfe den Familienverband, um sich ein neues Revier zu suchen und ein eigenes Rudel zu gründen.

DER GEHEIMCODE DER WÖLFE

Durch Körperhaltung, Gesichtsausdruck und Stellung der Rute und der Ohren können Wölfe stumme, schnelle Botschaften untereinander austauschen. Manchmal reicht ein Blick oder eine Geste, um einen Streit im Keim zu ersticken und die Rangordnung wiederherzustellen.

WÜTEND

Zähne gebleckt und Nasenrücken gekräuselt;
Ohren nach unten gezogen und zur Seite geklappt;
Rute gerade ausgestreckt oder aufgestellt.

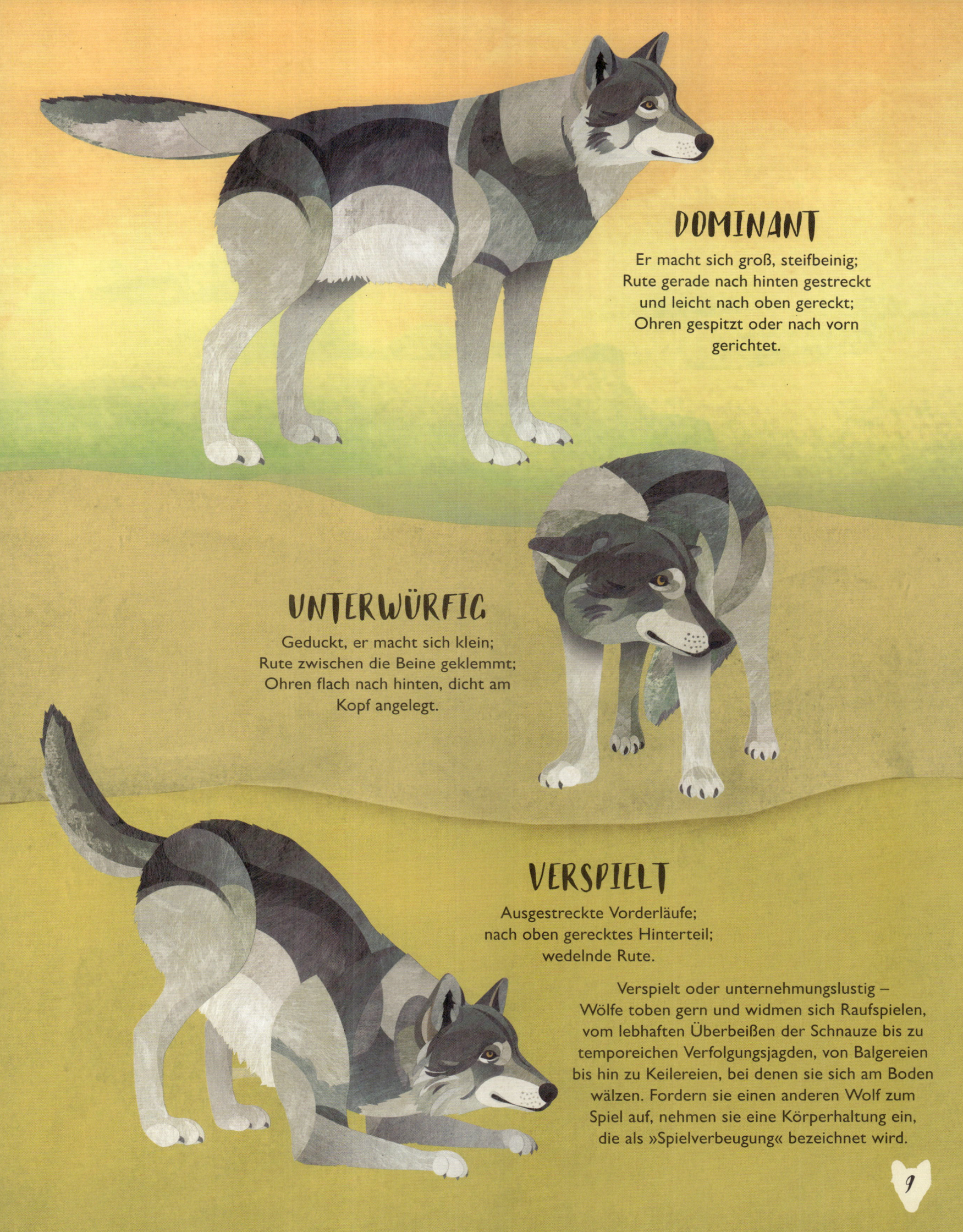

RUFE DER WILDNIS

Das unvergessliche Geheul eines Wolfsrudels ist auf eine Entfernung von mehr als zehn Kilometern zu hören. Egal, ob es sich um das Herbeirufen des Clans, den Versuch, die Aufmerksamkeit eines Geschlechtspartners zu erregen oder die Warnung an einen Rivalen handelt, das wehmütige Geheul des Wolfes ist einzigartig und unverkennbar.

Wölfe verständigen sich mittels unterschiedlicher Laute. Ausgelassene Spiele innerhalb der Familie werden gewöhnlich von Winseln und Fiepen begleitet. Ein abwehrendes Knurren und Schnauben soll Eindringlinge und Rivalen abschrecken. Das seltenere, hundeähnliche Bellen signalisiert drohende Gefahr.

Typisch ist jedoch das durchdringende Geheul, das die Nacht mit seinem sehnsuchtsvollen Klang und schaurigen Widerhall erfüllt.

DER GERUCH VON GEFAHR

Es hat geregnet und das Tal sieht frisch und grün aus. Das Wolfsrudel wittert eine Elchherde, die wahrscheinlich noch ungefähr zwei Kilometer weit entfernt ist.

Die Wölfe halten inne, ihre langen Nasen schnuppern an Zweigen und Baumstümpfen, um sich ein Bild vom Geschehen zu machen. An Gerüchen, zerkauten Blättern, der morastigen Fährte und Spuren von Haut erkennen sie, dass die Herde sich verlangsamt hat. Ihre Beutetiere sind müde und das eine oder andere hat Mühe mitzuhalten.

Aber Moment mal – sie nehmen einen fremden Geruch wahr. Ein Rivale hat die Geruchsmarken, die ihr Revier abgrenzen, missachtet und ist in ihr Territorium eingedrungen. Er hat seine eigene Duftmarke gesetzt, die ebenso einmalig wie ein Fingerabdruck ist.

Das Rudel heult im Chor. Hier ist kein Platz für einen Eindringling.

DER KLANG DER STILLE

Ein Kiefernzapfen fällt zu Boden und eine Wölfin spitzt die Ohren. Sie nimmt Bewegung wahr, lange bevor etwas auftaucht. Ihr hochentwickelter Gehörsinn ist in der Lage, fast geräuschlose Botschaften über riesige Entfernungen zu empfangen.

Sie bewegt ihre Ohren unabhängig voneinander, wendet sich in Richtung Geräusch, ordnet die Quelle des Lauts zu und konzentriert sich voll und ganz darauf. Selbst im Schlaf fangen ihre Ohren noch Laute ein.

BERNSTEINGELBE AUGEN

Geruch und Gehör mögen zuerst zum Einsatz kommen, aber ein gutes Sehvermögen versetzt den Wolf in die Lage, die kleinste Bewegung wahrzunehmen, wie etwa den Flug eines Glühwürmchens oder das Zucken eines Schwanzes.

Seine hellen Augen können einen anderen Wolf aus der Ferne erkennen und schnell zwischen Freund und Feind unterscheiden, sodass er sich im Notfall verteidigen kann.

Er sieht in der Nacht genauso scharf wie am Tag. Nächtliche Wanderungen stellen daher kein Problem dar. Er bewegt sich mühelos unter dem mitternachtsblauen Himmel, begleitet von einer Handvoll Sterne.

ANPASSUNG AN DAS KLIMA

Der Wolf ist ein Meister der Anpassung. Dank seines Körperbaus und anderer typischer Merkmale kann er sich in den lebensfeindlichsten Umgebungen behaupten.

So entwickelten Polarwölfe, eine Unterart des Grauwolfes, im Laufe der Evolution einen blendend weißen Pelz, der sie in ihrem schneereichen Lebensraum perfekt tarnt. Weil sie kleinere Ohren und Nasen als andere Wölfe haben, kühlen sie weniger stark aus und eine dicke Schicht Körperfett schützt sie zusätzlich vor Kälte. Am allereindrucksvollsten ist ihre Fähigkeit, die eigene Körpertemperatur auch bei extremen Minustemperaturen zu kontrollieren.

RUTE

Legt er sich hin, deckt sein langer buschiger Schwanz das Gesicht des Wolfes zu. Das hält ihn bei Temperaturen von −70 °C warm und schützt seine Augen vor Staub und dem rauen Wind der Tundra.

FELL

Eine doppelte Fellschicht sorgt dafür, dass der Wolf trocken und warm bleibt. Das weiche, kurze Unterfell hält die Wärme dicht am Körper, während das dicke, lange Deckhaar die Wirkung eines wasser- und schneedichten Mantels hat. Im Frühling verlieren die Wölfe ihren Winterpelz, damit sie im Sommer nicht überhitzen.

TARNUNG

Die Färbung des Wolfsfells richtet sich nach dem Lebensraum der Tiere. Dies ermöglicht es ihnen, sich optisch anzupassen.

PFOTEN

Mit ihren großen, beweglichen Pfoten können Wölfe über Oberflächen jeglicher Art laufen und sich an Felsen und Baumstämmen festhalten, wenn sie eine Antilope einen steilen Hang hinaufjagen. Zudem verteilen die Pfoten das Gewicht gleichmäßig und versetzen die Wölfe in die Lage, über tiefen Schnee und dünnes Eis zu wandern. Kraxeln die Wölfe über unebenen Boden, verhindern die Krallen, dass sie ins Rutschen geraten.

DIE FAMILIE DER WÖLFE

Wenn Wölfe in unser Bewusstsein treten, in unsere Kultur und unsere Geschichten, dann handelt es sich häufig um den Grauwolf. Aber die Familie der Wölfe hat noch viele andere Mitglieder.

GRAUWOLF

Der Grauwolf ist das größte und bekannteste Mitglied der Familie.

ROTWOLF

Der Rotwolf ist etwas kleiner als der Grauwolf und zeichnet sich durch einen schönen schwarzen oder grauen, rotmelierten Pelz aus. Vor nicht allzu langer Zeit war er stark bedroht, doch mittlerweile wurden im Südosten der USA wieder kleine Tierbestände eingeführt.

ÄTHIOPISCHER WOLF

Der rostbraune Äthiopische Wolf ist kleiner und rötlicher als der Rotwolf und ebenfalls bedroht. Er ist nur noch in sieben äthiopischen Gebirgen heimisch.

TIMBERWOLF

Auch der Timberwolf ist bedroht, sein Lebensraum beschränkt sich zum größten Teil auf ein Naturschutzgebiet in Kanada.

KOJOTE

Der kluge Kojote ähnelt dem Grauwolf, obwohl er nur ein Drittel seines Gewichts hat. Kojoten kommen in fast ganz Nordamerika vor.

GOLDSCHAKAL

Der Goldschakal sieht wie eine Miniaturausgabe des Grauwolfes aus. Er ergänzt seine fleischreiche Kost mit Früchten und Pflanzen und kommt von Osteuropa bis weit nach Indien und Thailand vor.

SCHABRACKENSCHAKAL UND STREIFENSCHAKAL

Mit ihrem fuchsähnlichen Aussehen und schlanken Körperbau vervollständigen der Schabracken- und der Streifenschakal die Familie der Wölfe.

VIERBEINIGE VERWANDTE

Alle Hunde sind eng mit dem Wolf verwandt, auch wenn manche dem Wolf ähnlicher sind als andere. Wir brauchen uns jedoch vor unseren »Hauswölfen« nicht zu fürchten; Haushunde können gezähmt werden, Wölfe nicht.

IM LAND DER WÖLFE

Die Abgeschiedenheit der Wälder, die unzugänglichen, nebelverhangenen Gebirge, die brütende Hitze der Wüste und der weiche Schnee der Arktis – überall dort war der Wolf einst heimisch.

NORD-AMERIKA

SÜD-AMERIKA

ZEICHENERKLÄRUNG

- Polarwolf
- Kojote
- Timberwolf
- Äthiopischer Wolf
- Goldschakal
- Grönlandwolf
- Grauwolf und Eurasischer Grauwolf
- Schabrackenschakal und Streifenschakal
- Rotwolf

Heute ist das Verbreitungsgebiet der Wölfe erheblich kleiner, doch noch immer passen sich Wölfe ganz unterschiedlichen Lebensräumen an. Sie sind die geborenen Überlebenskünstler.

DIE BEUTETIERE DES WOLFES

Vom ersten Frühlingslüftchen bis zur eisigen Kälte des Winters trachtet der Wolf danach, Beute zu machen. Wölfe sind Fleischfresser und müssen ihre Beutetiere töten, um zu überleben.

In Amerika und Kanada gehören große Huftiere wie Elch, Bison und Schalenwild zu ihrer bevorzugten Beute. In Europa stehen eher Rehe und Wildschweine auf ihrer Speisekarte.

Polarhasen und Biber sind kleine Beute, können aber in der Menge auch satt machen.

Bei Nahrungsknappheit müssen Wölfe sich auch mit Fischen, Vögeln, Insekten, Pflanzen und Schlangen zufriedengeben.

DIE JAGD

Hämmernde Herzen, nach vorn gerichtete Ohren, angespannte Körper und funkelnde Augen: Die Hatz nähert sich dem Ende. Das Rudel handelt nun wie ein einziger Körper, eine einzige Bewegung, eine einzige Absicht. Es jagt den donnernden Hufen hinterher, bis sich ein Tier von der Herde löst. Der Bison ist verletzt, schwankt und fällt zurück. Das Rudel beschleunigt das Tempo. Der Abstand verringert sich. Bald packen sie ihn und es ist vorbei.

DIE KIEFER DES TODES

Nach der Jagd beginnt der Schmaus. Die Wölfe fallen hungrig über den Kadaver her. Beim Fressen gehen sie ebenso planvoll vor wie bei der Jagd. Die spitzen Zähne und kräftigen Kiefer erlauben es ihnen, möglichst alles zu verwerten. Kein Bissen, kein noch so kleiner Brocken wird verschwendet.

Handelt es sich um ein großes Beutetier, wird ein Wolf so viel fressen, wie er kann. Er ist in der Lage, während einer einzigen Mahlzeit acht Kilogramm zu verzehren. Davon kann er zwei Wochen lang leben. Wölfe wissen nie, wann ihnen wieder etwas in die Fänge gerät.

NACKEN

Der starke, kräftige Nacken eignet sich hervorragend zum Reißen des Fleisches.

ZÄHNE

Über 40 große, scharfe Zähne (darunter acht Backenzähne und vier lange Fangzähne) packen und halten die Beute fest, zerfetzen das Fleisch und zermalmen die Knochen.

KIEFER

Kraftvolle Kiefer, fünfmal stärker als unsere, eignen sich perfekt, um zähes Fleisch zu kauen. Wölfe knacken Knochen, um an das nahrhafte Mark zu gelangen.

DURCHS REVIER STREIFEN

Ihr Umriss hebt sich vom weiten Horizont ab, sie laufen im Gänsemarsch über den zugefrorenen See. Leichtfüßig, langbeinig und schlank: Wölfe sind die geborenen Wanderer.

Egal ob sie einen reißenden Fluss durchqueren, einen vereisten Gipfel erklimmen oder schnell und lautlos durch frischen Schnee stromern, sie bleiben in Bewegung. Das Territorium eines Rudels hat eine Ausdehnung von Hunderten von Kilometern und Wölfe müssen ihr Revier ständig überwachen und auf ihre Beutetiere achtgeben.

Sie wandern häufig zehn Stunden am Tag und behalten eine gleichmäßige Geschwindigkeit bei. Verfolgen sie Beute, können sie ihr Tempo in einem kurzen, schnellen Sprint auf 65 Kilometer pro Stunde beschleunigen.

Das Rudel zieht weiter, leise und trittsicher.

Eine Karawane von Wanderern.

EIN RÜCKZUGSORT

Wenn im Frühling die Hasenglöckchen blühen, dauert es nicht mehr lange, bis die Wolfswelpen zur Welt kommen. Nun muss die Wölfin einen geeigneten Platz suchen, ein Versteck, das Angreifern verborgen bleibt, hoch genug liegt, um freie Aussicht zu bieten, und sich in der Nähe eines Baches befindet. Schattig, geschützt: einen Ort, an dem ihre neugeborenen Welpen während der ersten Lebenswochen sicher sind.

Vielleicht wird es eine tiefe Felskluft sein, eine Höhle unter einem umgestürzten Baum oder eine Mulde am Flussufer. Es könnte ein ausgehöhlter Bau sein, den andere Wolfsmütter angelegt haben, oder ein verlassener Biberdamm.

Sie sucht weiter. Sie wird wissen, wann sie den richtigen Standort gefunden hat.

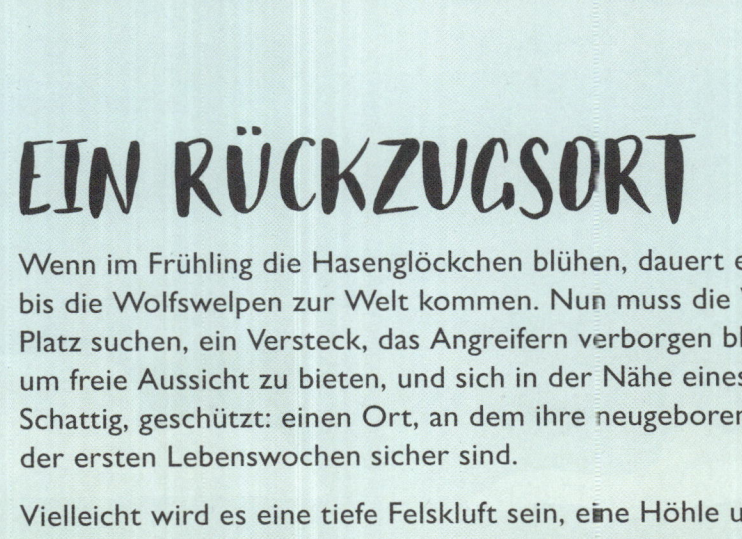

ERSTE SCHRITTE

Anfangs kennen sie nur den Herzschlag der Mutter. Sechs kleine Geschwister schmiegen sich dicht an sie, auf der Suche nach Wärme und Milch. Für ihre Welpen ist sie Augen und Ohren zugleich.

Schon bald linsen die Kleinen mit ihren auffallend blauen Augen aus der Wurfhöhle. Ihre Eltern sind auf der Jagd, doch die Welpen sind niemals allein. Eins der älteren Geschwister passt ständig auf und beschützt sie, wenn sie die ersten wackeligen Schritte in die freie Wildbahn machen.

Es dauert nicht lange, da tapsen sie durch ihr neues Revier. Sie verbringen ausgelassene Tage mit dem Haschen nach ihren Ruten, werfen sich Knochen zu und jaulen vor Wohlbehagen. Sie knuffen und rempeln, wälzen sich und purzeln hin. Sie ahmen die Erwachsenen beim Spiel nach und werden zusehends kräftiger und geschickter.

Die Welpen werden gehegt und gepflegt, sie sind das höchste Gut des Rudels.

ENTWICKLUNG DER WELPEN

Geburt
Welpen kommen nach 63 Tagen zur Welt. Sie können weder sehen noch hören.

2 Wochen
Die Augen sind geöffnet und die Welpen machen die ersten Schritte.

3 Wochen
Die Milchzähne wachsen.

6 Wochen
Hin und wieder verlassen die Welpen ihre Höhle für kurze Ausflüge.

8 Wochen
Ab jetzt nehmen sie nur noch feste Nahrung zu sich. Sie leben und spielen draußen.

10 Wochen
Den Welpen wachsen die zweiten Zähne.

12 Wochen
Sie beginnen herumzustreifen und zu jagen.

FEINDE DES WOLFES

Ein erfahrener Wolf ist stets leichtfüßig und auf der Hut. Er spitzt die Ohren und lauscht instinktiv auf Gefahren. Ein Angriff kann jederzeit erfolgen.

ANDERE WÖLFE

Rivalisierende Wölfe könnten in sein Revier eindringen und ihn angreifen.

AASGEIER

Aasfresser lauern begierig darauf, etwas von seiner Beute zu ergattern.

BRAUNBÄREN

Braunbären sind eine furchterregende Gefahr, besonders für die Welpen. In einem Kampf sind sie respekteinflößende Gegner.

PUMAS UND KOJOTEN
Pumas oder Kojoten könnten ihm seine Beutetiere streitig machen.

MENSCHEN
Unter den Feinden des Wolfes stellen Menschen die allergrößte Gefahr dar.

FREUNDE DES WOLFES

Nicht alle fürchten sich vor dem Wolf.

Im Sturzflug oder schwebend: der schwarzgefiederte Rabe ist Wölfen von jeher gefolgt. Niemand kennt ihre gemeinsame Sprache. Könnte der Rabe den Wölfen mit Augen und Ohren in luftiger Höhe bei der Jagd helfen, sie auf Beutetiere aufmerksam machen und vor Gefahren warnen? Bekannt als der »Wolf-Vogel«, schwebt er flügelschlagend über den Wolfsrudeln, bedient sich von der Beute und schnappt spielerisch nach ihren Ruten.

Der Wolf kommt in vielen Liedern und Geschichten der Indianer vor. Diese uralten Völker, die so im Einklang mit der Natur leben, bewundern den Wolf, statt ihn zu fürchten. Sie rühmen seinen Freiheitsdrang, respektieren ihn als ein Lebewesen, mit dem sie die Vielfalt der Erde teilen, und preisen die Rolle, die er in der Naturordnung spielt. Bei ihnen steht der Wolf für Treue, Kraft und Mut.

DIE BEIDEN GESICHTER

Geschichten über Wölfe raunt man sich auf der ganzen Welt zu. Ihr wildes, ungezähmtes Wesen beflügelt die Fantasie und hat Eingang in die Folklore gefunden.

Häufig werden sie als liebevolle Ernährer dargestellt, die ihrem Nachwuchs Schutz, Zuflucht und Zuwendung gewähren. Die Vorstellung von einem säugenden Wolf gibt es schon seit Jahrtausenden.

In der römischen Mythologie findet sich die Geschichte von den Zwillingsbrüdern Romulus und Remus, die als Säuglinge von einem erzürnten König zum Tod verurteilt wurden. Die Babys werden aus einem den Tiber hinuntertreibenden Korb gerettet und von einer Wölfin gesäugt, versorgt und gesundgepflegt. Der Erzählung nach wird einer der Jungen, Romulus, Gründer des Alten Roms.

Ein zutrauliches, fürsorgliches Wolfsrudel leistet in Rudyard Kiplings Erzählungen »Das Dschungelbuch« Beistand. Mowgli – ein Findelkind – wird von Wölfen einsam und verlassen im indischen Dschungel aufgespürt und aufgezogen. Sie nehmen ihn in ihr Rudel auf und versuchen ihn vor einem menschenfressenden Tiger zu schützen.

DES WOLFES

Doch in den meisten Fällen werden Wölfe als arglistige Betrüger oder blutrünstige Bestien dargestellt. Der große böse Wolf, der in Märchen sein Unwesen treibt, beruht auf den Ängsten früher Siedler. Obwohl Menschen selten angegriffen wurden, sorgten sie sich um ihre Nutztiere und stellten Wölfe als böse und gefräßig dar, die Jagd auf Unschuldige machten.

Im Märchen vom Rotkäppchen trickst ein hinterhältiger Wolf ein Mädchen aus. Er überlistet das Kind und seine Großmutter und beabsichtigt beide zu vertilgen.

Auf dieselbe Art bedroht der große böse Wolf die drei Schweinchen in der gleichnamigen Geschichte und ist entschlossen, sie zu verschlingen. Er schnauft und pustet und versucht ihre Häuser dem Erdboden gleichzumachen, damit er sie fangen und auffressen kann.

Im Märchen ereilt den Wolf jedoch fast immer ein böses Ende und er wird von der Hauptfigur der Geschichte zur Strecke gebracht. Solche Erzählungen dienten dazu, Ängste zu beschwichtigen und die Jagd auf Wölfe zu rechtfertigen.

In Geschichten ziehen uns Wölfe mehr an als alle anderen Lebewesen – unabhängig davon, ob sie als gut oder böse geschildert werden. Das Glitzern in ihren Augen steht für Gefahr und Kühnheit.

VON MENSCHEN GEJAGT

Ursprünglich bewegte sich der Wolf frei. Er gehörte zum Land und das Land gehörte ihm.

Doch als die Erde von immer mehr Menschen besiedelt wurde, veränderte sich die Welt des Wolfes nachhaltig. Die Wälder schrumpften und er wurde aus seinem natürlichen Lebensraum verdrängt. Beutetiere waren seltener geworden und immer öfter machten ihm Jäger Konkurrenz.

Diese Jäger könnten auch ihn töten. Jäger, die die Welt des Wolfes nicht kennen und befürchten, dass er grundlos Nutztiere reißt, können ihm gefährlich werden und ihn aus seinen Rückzugsgebieten vertreiben.

Außerdem macht ihm und seinen Beutetieren die Zerstörung der Landschaft zu schaffen.

DIE HEIMATLÄNDER DES GRAUWOLFES

Der Grauwolf war einst über weite Flächen der Erde verbreitet, passte sich schnell dem jeweilgen Klima an und war in mehr Regionen heimisch als jedes andere Säugetier der Welt. Er siedelte sich dort an, wo er ausreichend Beute und Rückzugsorte fand, und überlebte so jahrhundertelang.

ZEICHENERKLÄRUNG

- Heutiges Territorium des Grauwolfes und Eurasischen Grauwolfes
- Ursprüngliches Territorium des Grauwolfes
- Territorien, die von Grauwölfen nie besiedelt wurden

Doch eine neue Gefahr tauchte auf: Menschen. Für den Hausbau fällten Menschen ganze Wälder und die Angst trieb sie dazu, den Wolf zu verfolgen und auszurotten. Heute sind Wölfe nur noch in Teilen Nordamerikas, Europas und Asiens in deutlich verminderter Zahl zu finden.

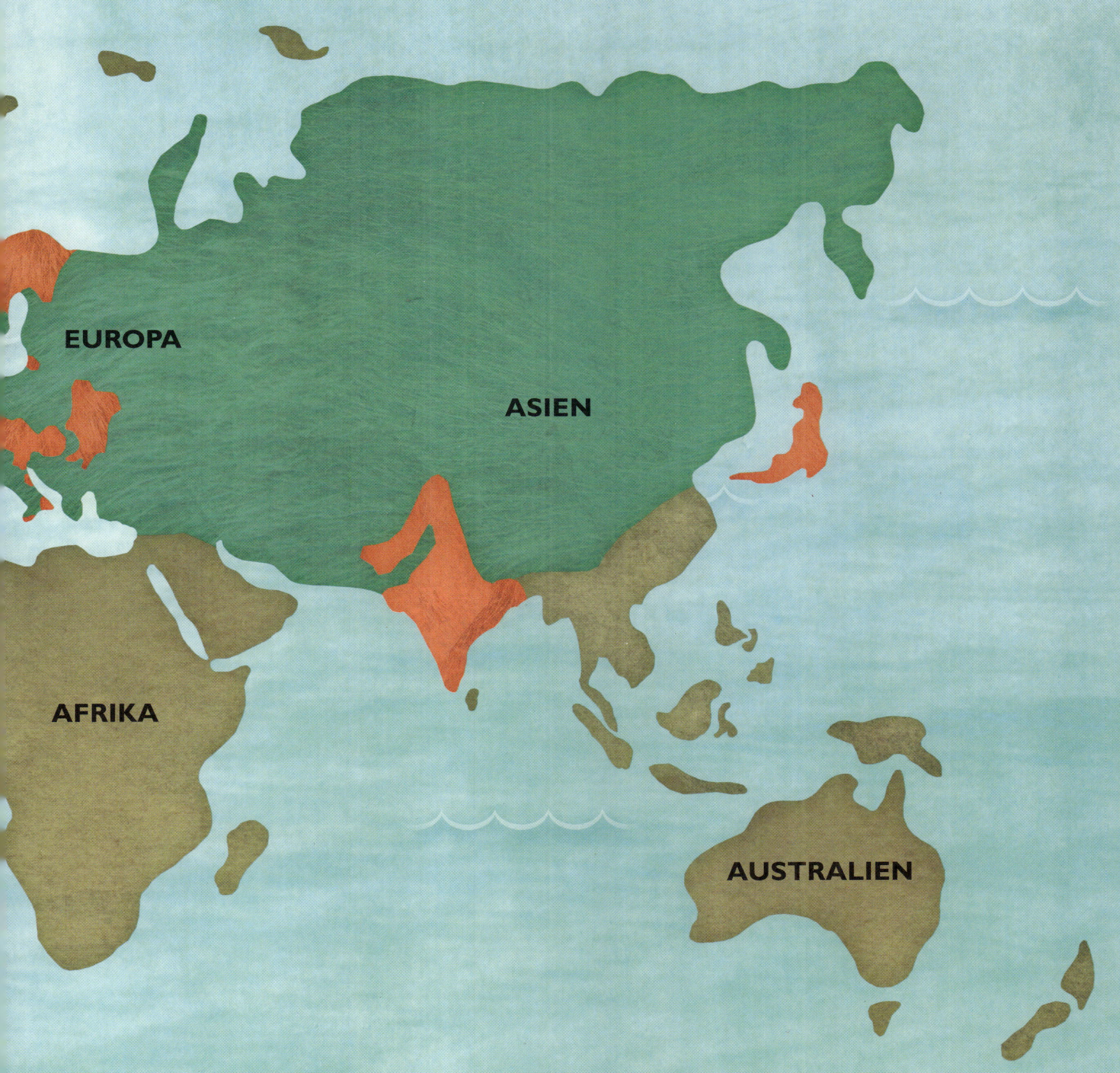

DAS ÜBERLEBEN DES WOLFES

Nach jahrhundertelanger Jagd auf Wölfe wurden in einigen Ländern endlich Gesetze zum Schutz dieser prachtvollen Lebewesen erlassen. Es ist vielversprechend, dass man heute nicht nur den von den Wölfen geleisteten Beitrag zu einem ausgeglichenen Ökosystem würdigt, sondern auch die Rolle anerkennt, die sie bei der Erhaltung der Pflanzen- und Tierwelt ihrer Umgebung spielen. Dort, wo der Wolf geschützt ist, kehrt er in seine alten Lebensräume zurück. In vielen Ländern, auch in Deutschland, leben jetzt wieder Wölfe.

VORURTEILE

WÖLFE MÜSSEN MENSCHEN TÖTEN

Wölfe sind vorsichtige Lebewesen, die dem Menschen lieber aus dem Weg gehen.

WÖLFE TÖTEN ZUM VERGNÜGEN

Wie andere Raubtiere reißen Wölfe Beutetiere, um ihr eigenes Überleben zu sichern. Sie wählen in der Regel schwache, verletzte, sehr junge oder altersschwache Herdentiere aus, weil bei diesen die geringste Gefahr besteht, dass sie sich zur Wehr setzen oder Verletzungen verursachen. Nur eine von zehn Verfolgungsjagden führt zum Erfolg.

WÖLFE RICHTEN SCHADEN AN

Wölfe sind Teil eines ausgeglichenen, gesunden und nachhaltigen Ökosystems. Wenn sie sich schwächere Tiere herauspicken, sorgen sie demnach dafür, dass Herden gesund und kräftig bleiben.

WÖLFE SIND GRAUSAM

Wölfe teilen mit dem Menschen viele positive Eigenschaften: Sie sind oft verspielt und liebevoll und sie haben eine enge Bindung an ihre Familie.

WÖLFEN SOLL ES GUT GEHEN – HILF MIT!

Möchtest du das Überleben der Wölfe sichern? So kannst du helfen:

- Finde so viel wie möglich über Wölfe heraus.
- Verhalte dich umweltfreundlich, um die Lebensräume der Wölfe zu bewahren.
- Kläre andere über Wölfe und ihr wildes und faszinierendes Verhalten auf.

Außerdem gibt es Organisationen, die sich für den Schutz der Wölfe einsetzen.

Weitere Informationen findest du zum Beispiel unter: www.NABU.de/wolf

STICHWORTVERZEICHNIS

Äthiopischer Wolf (Canis simensis) 18, 20–21
Aasgeier 34
Augen 15, 16, 24, 32–33, 36, 39

Begrüßung 6
bellen 10
Beute/Beutetiere 12, 22–23, 26, 28–29, 34–35, 36, 40, 42, 46
Bison 22–23, 24
Braunbär 34

dominant 9

Eindringling 10, 13
Elch 12, 22
Entwicklung (Welpen) 32–33
Eurasischer Wolf (Canis lupus lupus) 20–21, 42–43

Familie/Familienverband 5, 6–7, 10, 18–19, 40, 46
Fell/Pelz 16–17, 18
fiepen 10
Fleischfresser 22
Folklore 4, 38–39

Geburt 32–33
Geheul/heulen 4, 10–11, 13
Gehör/Gehörsinn/hören 10, 14–15, 33
Geier 34
Geruch/Geruchssinn 12–13, 15
Goldschakal (Canis aureus) 19, 20
Grauwolf (Canis lupus) 16, 18–21, 42–43
Grönlandwolf (Canis lupus orion) 20–21

Höhle 30–33
Hund 10

Indianer 37
Intelligenz 4

Jagd 4, 6–7, 9, 24–25, 26, 32, 36, 39, 44, 46
Jäger (Mensch) 35, 40–41, 43, 44

Kiefer/Schnauze 9, 26–27
Kojote (Canis latrans) 19, 20–21, 35
Krallen 17

Leittiere 6

Märchen 4, 38–39
Menschen 5, 35, 38–39, 40, 43, 46
Milch 32–33

Nacht 11, 15, 28–29
Nacken 26
Naturschutz 18, 44, 47

Ohren 8–9, 14, 16, 24, 32, 34, 36

Pfoten 17
Polarwolf (Canis lupus arctos) 16–17, 20
Puma 35

Raben 36
Rangordnung 6–9
Raubtiere 22, 46
Revier 7, 13, 28, 33, 34
Rotwolf (Canis rufus) 18, 20
Rückzugsort 30–31, 42
Rudel 5, 6–7, 10, 12–13, 24, 28–29, 33, 36, 38

Schabrackenschakal (Canis mesomelas) 19, 20–21
Schnee 16–17, 20, 28
Schwanz 8–9, 15, 16, 33, 36
Sehvermögen 15
Spiel/verspielt 6–7, 9, 10, 33, 36–37, 46
Spielverbeugung 9
Streifenschakal (Canis adustus) 19, 20–21

Tarnung 17
Territorium 13, 28, 42–43
Timberwolf (Canis lupus lycaon) 18, 20

unterwürfig 9

Verständigung/verständigen 5, 10–11

wandern 15, 17, 28–29
Welpen 7, 30, 32–33, 34
Wolfsarten 18–19
wütend 8

Zähne 8, 26, 33